AF242741

Honorat BOUCON

Les PARIAS
de la GUYANE

Etude documentaire

sur la

Transportation Coloniale

J'écris ce que j'ai vu et ce que j'ai senti :
De contempler sans trève un horizon qui semble
Consacré au Malheur !

Mᵐᵉ DE NOAILLES.

PRIX : 0,50 CENTIMES

CAYENNE
Editions de l'*Aide Sociale*
1913

DU MÊME AUTEUR

République et Monarchie. — Lettre ouverte à un candidat,
1 brochure, 1886. Jacot, éditeur, Audincourt.

Vingt ans de la Vie d'un... jeune ! — 1 plaquette. Paris 1891.
Vanier, éditeur.

Sœur Héléna. — Essai de psychologie moderne paru dans
le *Grand Journal*, Paris 1891.

Les amours rurales. — Etudes de mœurs franc-comtoises,
1 vol. Paris, Bibliothèque des Modernes, 1892.

La Pivoine. — Roman, 1 vol. Paris, Bibliothèque des Modernes, 1893.

La Conquête d'une âme. — Roman, 1 vol. Paris, Bibliothèque
des Modernes, 1894.

La petite Paroisse. — Conférence faite à la Bodinière, sur
Alphonse Daudet, 1 plaquette. Paris, Bibliothèque des
Modernes, 1895.

La Transportation Coloniale. — 1 brochure, 16 pages. Paris,
Bibliothèque des Modernes, 1910.

Pax et Labor ! — Poème du Concours agricole de Cayenne,
1911.

Pour paraître :

Les Vaincus ! — Etudes sur la psychologie du crime et la
transportation des criminels.

Fleurs de Brousse ! Contes et nouvelles guyannaises.

Les PARIAS
de la GUYANE

Etude documentaire

sur la

Transportation Coloniale

J'écris ce que j'ai vu et ce que j'ai senti :
De contempler sans trêve un horizon qui semble
Consacré au Malheur !

Mᵐᵉ DE NOAILLES.

PRIX : **0,50** CENTIMES

CAYENNE

Editions de l'*Aide Sociale*

1913

DU MÊME AUTEUR

République et Monarchie. — Lettre ouverte à un candidat, 1 brochure, 1886. Jacot, éditeur, Audincourt.

Vingt ans de la Vie d'un... jeune ! — 1 plaquette. Paris 1891. Vanier, éditeur.

Sœur Héléna. — Essai de psychologie moderne paru dans le *Grand Journal*, Paris 1891.

Les amours rurales. — Etudes de mœurs franc-comtoises, 1 vol. Paris, Bibliothèque des Modernes, 1892.

La Pivoine. — Roman, 1 vol. Paris, Bibliothèque des Modernes, 1893.

La Conquête d'une âme. — Roman, 1 vol. Paris, Bibliothèque des Modernes, 1894.

La petite Paroisse. — Conférence faite à la Bodinière, sur Alphonse Daudet, 1 plaquette. Paris, Bibliothèque des Modernes, 1895.

La Transportation Coloniale. — 1 brochure, 16 pages. Paris, Bibliothèque des Modernes, 1910.

Pax et Labor ! — Poème du Concours agricole de Cayenne, 1911.

Pour paraître :

Les Vaincus ! — Etudes sur la psychologie du crime et la transportation des criminels,

Fleurs de Brousse ! Contes et nouvelles guyannaises.

Les Parias de la Guyane

I

LES PARIAS

« ......Il existe des parias dans l'organisation moderne : ce sont ceux qui pensent par eux-mêmes ; ils sont mal vus d'une foule qui pense, collectivement, par préjugés, par passions générales, par vagues intuitions communes. Ils sont suspects comme originaux, comme ne pensant pas ce que tout le monde pense, comme n'acceptant pas les banalités intellectuelles.

« Ils ne sont ni suivis, ni étudiés, ni guettés avec attention, parce que, par suite du dogme nouveau, le *respect* s'est écarté d'eux, même au sens étymologique très humble du mot » (1).

Ces parias de l'idée et de la pensée que l'éminent académicien, Emile Faguet, évoque avec la rectitude, l'exactitude qui distingue le maître de la critique française, ces parias intellectuels, auxquels nous nous rattachons par l'indépendance de doctrine, de morale, de concept qui nous est personnelle, ont existé de tous temps et en tous lieux.

Un autre critique, non moins averti, non moins pénétrant que M. Faguet — j'ai nommé M. Anatole France, membre de l'Académie française — le constate à son tour, et, très judicieusement, définit ainsi la morale égoïste de notre temps :

« ......La morale est le consentement mutuel à garder ce qu'on a : terres, maisons, femmes et votre vie.

« Elle est instinctive et féroce.

« La loi écrite la suit de près et s'accorde aussi bien avec elle.

« Aussi voit-on que les hommes d'un grand cœur ou d'un

___

(1) Emile FAGUET, *Cours sur Auguste Comte.*

beau génie, furent presque tous accusés d'impiété et, comme Socrate, fils de Phénarète, et Benoît Malon, frappés par la justice de leur pays.

« Et l'on peut dire qu'un homme qui n'a pas été condamné au moins à la prison, honore médiocrement sa patrie » (1).

Et il doit en être ainsi, puisqu'un homme de la valeur de Anatole France, un membre de la docte Compagnie, grand dignitaire de la Légion d'honneur, l'affirme, imperturbablement, par la bouche de son docteur Trubert.

Ne vous alarmez donc pas outre mesure, braves gens, des diverses conditions, si nous insistons pour vous présenter toute une autre collection de parias, étrangement amalgamés qui évoluent, à cette heure, sur la terre d'épouvante et de sang qu'est la Guyane pénitentiaire, dans le décor de brousse, de savane et de vase qui forme horizon à ces douloureux, nostalgiques et pitoyables transportés.

Dans la brochure que nous avons publiée sur la Transportation Coloniale (2), nous avons très nettement pris position et posé la question :

1° La Transportation Coloniale des condamnés aux travaux forcés doit être abolie, parce que cette mesure de répression et d'exil a été repoussée par toutes les nations civilisées — la France et l'Espagne exceptées — condamnée aux divers Congrès pénitentiaires comme rétrograde, inhumaine et anti-sociale, sans résultats efficaces et plutôt désastreuse dans son application intégrale au point de vue des effets moraux à en retirer.

2° Parce que plus d'un demi-siècle d'expérience a démontré, surabondamment, l'inanité des efforts, des tentatives de colonisation constitués à l'aide de la main-d'œuvre pénale. Que celle-ci, détournée de sa véritable affectation, n'a jamais rien produit, à la Guyane du moins ; et que, en fin de compte, les maladies, les épidémies, la mortalité, ravagent les transportés dans une proportion qui dépasse certainement 75 %, puisque le millier de condamnés qui, chaque année, est dirigé sur la Guyane depuis plus de 50 années n'en a pas augmenté le chiffre, qui ne dépasse guère 4.000, malgré que près de 41.000 individus y eussent été immatriculés depuis 1854.

3° Parce que, enfin, la loi du 30 mai 1854, qui régit la trans-

---

(1) Anatole FRANCE, *Histoire Comique*, 1 vol., 3 fr. 50 chez Calmann-Lévy.
(2) *La Transportation Coloniale*, 1 brochure 16 pages, Paris, *Bibliothèque des Modernes*.

portation, renouvelée, depuis, par le décret du 4 septembre 1891, qui l'aggrave sans la rajeunir, par des réglementations étroites et mesquines, est entachée d'inhumanité, ce qui la rend indigne d'une grande nation civilisée comme la France, qui plus long-temps ne saurait, sans renier ses principes de droiture et de justice, couvrir de son généreux pavillon les cris, les plaintes, les gémissements de ses enfants.

En effet, l'article 6 de cette même loi de 1854, porte que :

§ 1ᵉʳ. — Tout individu condamné à moins de 8 ans de tra-vaux forcés sera tenu, à l'expiration de sa peine, de résider dans la colonie pendant un temps égal à la durée de sa peine.

§ 2. — Si la peine est de huit années, il sera tenu d'y résider toute sa vie.

Ainsi donc voici un criminel dont la justice n'a pu s'emparer qui est condamné à 8, 10, 15, 20 ans de travaux forcés, voire même à perpétuité, par contumace.

Au bout de 15 ans, à dater du jour de sa condamnation par défaut, il pourra rentrer hardiment dans sa patrie, affronter les regards de Messieurs ses juges, de toute la police de France et de Navarre, sans que nul se permit une remarque désobligeante ; tandis que, le maladroit qui se sera laissé prendre, ira subir sa peine à la Guyane, et une fois sa peine purgée, sa dette payée à la Société, s'il lui prend envie de revoir son pays, sa famille, c'est-à-dire de rentrer en France, sera aussitôt appréhendé, arrêté, reexpédié à la Guyane, où l'attend une nouvelle condam-nation de 1 à 3 ans de travaux forcés pour rupture de ban !

Que voulez-vous ? *Dura lex, sed lex*, la loi est dure, mais c'est la loi. Soit ! Mais ce n'est pas de la justice, tant s'en faut ; et vous n'empêcherez pas un honnête homme, quelque rigide qu'il fût, de se sentir ému, indigné, en apprenant que la chose put être et que c'est en France qu'on assiste à des sottises pareilles.

Eh bien ! cette loi de 1854, cette transportation coloniale, aussi bien que la relégation coloniale qui est entachée du même vice de perpétuité, alors que le fait de réunir en 4 condamna-tions 12 mois et 4 jours de simple emprisonnement suffit pour faire, d'un malheureux jeune homme de 21 ans, un relégué collectif soumis au même régime que les travaux forcés ; eh bien ! dis-je, ces deux lois (30 mai 1854 et 27 mai 1885) comme le *Veau d'Or* de Faust,

Sont toujours debout !

et cela en plein xxᵉ siècle, sous la IIIᵉ République française, à une époque où les peuples, assoiffés de justice, de vérité, se ruent à la conquête d'un idéal social qui leur promet, avec l'abolition d'un ténébreux passé, le rayonnement de la Bonté et de la Pitié suprême ! O honte ! O dérision !

Qu'en dites-vous, Messieurs les moralistes, anthropologistes, physiologistes, criminalistes à la Lombroso ; Messieurs les philosophes, psychologues, juristes, légistes ; Messieurs les parlementaires : députés, sénateurs de droite, de gauche, du centre et de l'extrême gauche ; Messieurs les socialistes unifiés, indépendants et vous tous, publicistes, qui parlez de gens que vous ne connaissez pas, que vous n'avez ni fréquentés, « ni suivis, ni étudiés, ni guettés avec attention » ; et qui, en de sottes narrations, fourbissez inconsciemment les armes dont se servira quelque mauvais Garçon pour combattre, miner la généreuse et honnête tentative de l'ancien ministre Chautemps ? (1).

La suppression de la transportation coloniale et son remplacement par des maisons de force, en France, où les condamnés se trouveraient astreints à un travail rémunérateur — ce qui leur permettrait de se constituer, pour leur libération, un pécule disponible, ce qui fait totalement défaut aux transportés de la Guyane — a à sa tête l'homme politique le plus considérable de ce temps : j'ai nommé M. Alexandre Ribot, sénateur du Pas-de-Calais, membre de l'Académie française, lequel a été nommé président de la Commission et qui, après avoir entendu Messieurs Revel et Fillon, inspecteurs des Colonies, a convoqué les Ministres de la Justice et des Colonies, aux fins de s'entendre sur un projet de résolution à soumettre aux Chambres.

Au nombre des parlementaires favorables au projet, on peut citer toute la droite, qui votera comme un seul homme, parce que disciplinée, instruite, hautaine, aristocratique elle est restée, par tradition, la fraction qui plane, sereine et miséricordieuse, sur les hauteurs du tragique Golgotha où le Maître agonisant ouvre les portes du céleste Pardon au bon larron, son compagnon de gibet (2).

---

(1) Le 15 février 1912, M. Chautemps prononçait, au Sénat, un nouveau discours très pathétique, très documenté, en faveur de son projet de loi de suppression de la transportation.

(2) A mesure que nous avons avancé davantage dans l'examen du projet, que nous avons mieux pénétré son esprit, reconnu les conditions essentielles de sa mise en œuvre, pressenti ses résultats, nous sommes demeurés convaincus que l'amélioration morale des condamnés était la pierre angulaire de la loi.

Avons-nous besoin d'ajouter que la religion doit-être et sera le principal

Dans les autres groupes, avocats et médecins, qui auront à cœur la défense des intérêts de leurs clients — car un criminel est presque toujours un malade — ne se feront pas faute de venir à la rescousse.

Les socialistes révolutionnaires, par principe ou par doctrine, n'oseront bouder à la besogne, se rappelant l'aphorisme célèbre de Proud'hon :

— La propriété, c'est le vol !

ou la *Société mourante*, de Jean Grave, où se lit ce très suggestif passage :

« ......L'appropriation ouverte à tous les biens d'autrui, faite au nom des théories libertaires, est une protestation contre l'ordre social existant. Elle est non seulement permise, elle est louable ».

Les gouvernementaux, les ministériels, se grouperont autour de leur garde des sceaux, l'érudit, laborieux et éloquent M. Aristide Briand qui, tant de fois, en ses discours merveilleux, a parlé d'introduire dans la loi plus de discernement, de justice et de bonté.

S'il y avait quelques hésitations, M. Couyba — futur Ministre de l'Instruction Publique, actuellement au Commerce, — que j'ai quelque peu connu au temps où il signait Maurice Boukay, et comme nous, de race magnanime et généreuse, c'est-à-dire franc-comtois, voudra bien se rappeler que ses *Stances à Manon*, n'ont pas de plus fidèles interprètes que les pâles adolescents des bords du Maroni et qu'ils sont légion, à la Guyane, et qu'ils meurent par centaines, douloureux et nostal-

---

moyen de cette amélioration. Elle seule, en effet, peut la rendre et possible et durable. Elle seule féconde le repentir, fait comprendre la vertu, la nécessité de l'expiation, inspire aux condamnés la résignation et l'espérance ; et à ceux qui les dirigent, le *dévouement*, la *charité*.

Le chapelain anglais a fait plus encore dans ce pays, pour l'amélioration des condamnés que la perfection des règlements de Pentonville ou de Portland.

Il a été l'âme et le bon génie de la cellule et de l'atelier. C'est un point hors de doute chez tous nos voisins, que l'éducation religieuse est la base de toute réforme pénitentiaire.

(Rapport de M. du Miral, député au Corps législatif, 4 mai 1853).

A rapprocher du rôle et de l'action bienfaisante qu'exerce à la Guyane sur la transportation, l'honorable délégué de la *Société de patronage des prisonniers libérés*, de Paris, dont le zèle infatigable est très apprécié des transportés ; et qui est bien le seul, que nous sachions, à porter la bonne parole et des consolations à ces vaincus de la vie.

giques, ces petits, ces drôles, ces mauvais petits bandits d'un sou.

Quant à Messieurs les Académiciens qui sont : MM. Poincaré, Ribot, de Mun, Deschanel et Barrès, par esprit de corps, et pour faire plaisir à leur éminent confrère, Anatole France, ils commenteront, qui à la Chambre, qui au Sénat, son merveilleux apophtegme :

— Et l'on peut dire, Messieurs, qu'un homme qui n'a pas été condamné, tout au moins à la prison, honore médiocrement sa patrie... Or, ceux dont j'ai l'honneur de vous entretenir... etc.

En ce qui concerne M. Grodet ? oui, M. Grodet, député de la Guyane, ancien gouverneur des colonies, commandeur de la *Légion d'honneur*, il a pu se rendre compte *de visu* du bien fondé de nos revendications. Il a pris d'ailleurs des engagements formels, tant envers ses électeurs qu'envers les libérés mêmes, dont il connaît la misérable condition, la douloureuse situation ; et il servirait, merveilleusement, les intérêts de ses électeurs d'abord, de l'humanité ensuite, en votant le projet de loi qui débarrassera la Guyane, à tout jamais, de la transportation et de la relégation coloniales, double fléau qui déshonore et rabaisse le prestige, la bonne renommée de notre plus grande France.

Et je lui promets bien, qu'à Cayenne, son geste ne lui sera pas reproché.

II

RAPPORT

à Monsieur le GOUVERNEUR DE LA GUYANE FRANÇAISE, *sur la situation morale et économique des transportés libérés de la Guyane.*

MONSIEUR LE GOUVERNEUR,

Dans une colonie pénitentiaire telle que la Guyane, la question concernant les transportés libérés, loin d'être solutionnée dans un sens satisfaisant, aussi bien pour le Gouvernement que pour les libérés, lesquels ne sauraient, pourtant, passer pour quantité négligeable, étant donné l'accroissement de la population pénale, reste toujours pendante, toujours réservée.

Il y a un peu plus de vingt ans que M. Jules Roche, alors

Ministre des Colonies, le constatait déjà, dans un rapport à
M. le Président de la République (9 septembre 1890), lorsqu'il
faisait remarquer que :

« ....La situation des libérés de la peine des travaux forcés
dans nos établissements d'outre-mer, préoccupe, depuis long-
temps, l'Administration des Colonies, et les autorités coloniales
n'ont pas hésité à signaler la libération, avec résidence obligatoire telle qu'elle est pratiquée, comme une des conséquences
les plus défectueuses de la transportation ».

Malgré cet avertissement, rien n'a été changé aux dispositions
de l'article 6 de la loi du 30 mai 1854, de sorte que, depuis
22 ans, les libérés des travaux forcés sont restés sans direction,
sans orientation, abandonnés à eux-mêmes, dans un pays dépourvu d'industrie et de ressources, aucune réglementation
n'intervenant pour améliorer leur situation, naturellement précaire, puisque la plupart du temps, le travail du bagne n'étant
pas rétribué, ils sortent des pénitenciers sans un sou vaillant.

Cependant, dans l'esprit des législateurs de 1854, il devait en
être autrement. En effet, si on se reporte au rapport de M. du
Miral (4 mai 1853), sur l'exécution de la peine des travaux
forcés, il est un passage concernant les libérés, où il est dit
expressément :

« ....Mais il ne suffira pas d'avoir livré le libéré à la société
coloniale dans des conditions telles, qu'au lieu d'être pour elle
un légitime sujet d'effroi, il puisse lui rendre d'utiles services,
il faudra le suivre encore dans cette situation nouvelle, l'y pro-
téger, le surveiller, lui assurer *pour le travail* et pour le bien,
tous les *encouragements*, tous les *secours* ».

Qu'en est-il advenu à cet égard ?

Le libéré, au lieu d'être protégé, secouru, encouragé, comme
l'entendait le législateur de 1854, a été abandonné à lui-même,
sans contrôle efficace, laissé sans moyen d'action dans une
société où il est traité en paria, d'où il est systématiquement
exclu et qui aujourd'hui refuse ses services, son travail, depuis
que l'administration pénitentiaire lui a substitué ses condamnés
en cours de peine, qu'elle place dans des conditions telles, que
la main-d'œuvre pénale ne revient pas à 50 francs par mois aux
particuliers employeurs.

Il en est résulté une très grave perturbation économique et
morale dans le monde des libérés qui, privés de travail et de
ressources, après avoir vainement exploré tous les coins et
recoins de la colonie, où la situation est identique — au Ma-

roni, Mana, Sinnamary, Kourou, aussi bien qu'au chef-lieu — se sont, de guerre lasse, résignés au chômage forcé, à une vie d'expédients ou de rapines qui explique la recrudescence des délits qui reviennent, chaque semaine, devant les tribunaux avec la même explication, la même excuse :

« C'est la misère qui m'a poussé à cette action ».

Les juges le comprennent si bien, qu'ils se montrent généralement d'une extrême indulgence ; mais l'indulgence n'est pas un correctif efficace ; elle n'atteint pas le principe du vice qui réside en dehors d'elle et qui réside dans l'organisation sociale des individus qui nous occupent. Hâtons-nous de dire qu'une extrême sévérité ne remédierait pas davantage à la situation et que, dans les circonstances présentes, c'est-à-dire étant donné l'état des choses actuelles, elle constituerait un régime que la loi n'a pas prévu.

Quand eut paru notre brochure sur la Transportation Coloniale, M. Samary, votre honorable prédécesseur au Gouvernement, fut vivement frappé des révélations qu'elle contenait.

Il voulut contrôler l'exactitude du tableau de misère que nous avions dressé pour son édification propre ainsi que pour celle des pouvoirs publics ; et, après s'être rendu compte, personnellement, que tout ce que nous avions écrit n'était que l'expression de la vérité, que rien n'était poussé au noir, qu'aucune exagération ne déparait notre récit, il résolut de se mettre à l'œuvre pour modifier, améliorer la condition sociale faite à la Guyane aux libérés des travaux forcés. La sinistre faucheuse le surprit en pleine élaboration, ne lui laissant le temps de rien achever.

« ....Ici même, Messieurs, il ne se passait pas de jours qu'il ne se posât l'angoissante question des libérés ; il rêvait d'une loi modificative, sinon de pardon ou de réhabilitation, tout au moins d'une loi plus *juste*, plus *humaine ;* et, dans nos conversations, il me faisait part de ce qu'il dirait aux pouvoirs publics des démarches qu'il comptait faire, ainsi que des influences qu'il se réservait d'intéresser au sort de ces hommes ».

C'est en ces termes que s'exprimait M. le Secrétaire général Goujon, dans le discours d'adieu prononcé aux obsèques de M. le Gouverneur Samary, que la mort nous ravit au moment où il comptait se dévouer au sort malheureux des transportés libérés de la Guyane française.

M. le Secrétaire général Goujon, tint à signaler son passage au Gouvernement, dont il eut l'intérim, par une mesure qui décèle évidemment des sentiments de bienveillance, d'humanité très élevés ; et il fit publier un avis informant les particuliers que l'Administration, émue de la situation pénible qui était faite aux libérés non soumis à l'interdiction de séjour (oh pardon ! Que vient faire ici cette restriction ? et en quoi s. v. p. la situation des libérés soumis diffère-t-elle des autres, si ce n'est, précisément, d'être encore plus pénible, plus incertaine, plus aléatoire) (1), avait décidé de créer, dans les bureaux de la Police générale, un Office du travail, où les libérés pouvaient se faire inscrire et où les particuliers trouveraient des employés, des ouvriers sur lesquels M. le Commissaire de police aux Délégations judiciaires, fournirait des renseignements d'aptitude, de moralité, etc.

Dans ces conditions, les inscriptions furent plutôt rares et les demandes encore plus.

Voici pourquoi :

D'une part les libérés, qui accepteraient volontiers le patronage d'un honnête homme, fut-il noir ou blanc, pour se placer, se louer, s'engager n'importe où, ne veut pas de l'immixtion de la police dans ses affaires privées.

D'autre part, du côté des patrons, il y a mécompte pour l'Administration. Les chefs d'établissements industriels, agricoles ou forestiers préfèrent, en général, la main-d'œuvre des condamnés en cours de peine à celle des libérés, parce qu'elle leur revient moins chère et qu'ils trouvent, dans la première, plus de soumission, de docilité, de santé physique.

L'Administration pénitentiaire leur fournit des ouvriers d'art, des manœuvres, au titre d'assigné, pour lesquels les particuliers employeurs versent une redevance mensuelle de 8 fr. La nourriture de l'assigné, son salaire, dépassent rarement 40 à 45 francs par mois. Tout compte fait, pour la modique somme de 50 à 53 francs par mois, les patrons de la Guyane trouvent des engagés tant qu'ils en veulent ; et, dès lors, refusent la main-d'œuvre des libérés qui ne peuvent travailler à ce prix, n'ayant pas l'avantage d'être chaussés, coiffés, vêtus par l'*alma mater* comme le sont leurs camarades d'hier, les cours de peine.

Dans la *Guyane inconnue* (2), M. Albert Bordeaux n'hésite pas à reconnaître que :

----

(1) Nous nous sommes expliqué déjà longuement sur ce point : Voir la *Transportation Coloniale*, Chapitre II : *Des libérés soumis à l'interdiction de séjour.*

(2) *La Guyane inconnue*, par Albert BORDEAUX, 1 vol., 4 fr. chez Plon.

« ....Le sort des libérés est moins attrayant que celui des forçats. Il leur arrive à demander à faire certains travaux refusés par les forçats comme trop pénibles ; et, en effet, ces libérés gagnent 70 francs par mois, ce qui représente tout juste leur nourriture à Cayenne.

« Leur situation est parfois si misérable qu'ils commettent volontairement un délit pour se faire réintégrer au bagne.

« Le tribunal de Cayenne juge constamment des faits de ce genre. Les forçats malades vont à l'hôpital et l'on prolonge leur convalescence par toutes sortes de petits soins, tandis que les libérés malades sont envoyés au camp. On saisit, sur le vif, la sollicitude administrative pour son service et son *indifférence au bien général* ».

Rectifions en ce qui concerne les libérés malades, qui ne sont plus envoyés au Camp, mais hospitalisés directement par les médecins du corps de santé, qui leur prodiguent leurs soins avec le même zèle, le même dévouement qu'aux transportés en cours de peine.

« ....Si les forçats sont donc manifestement inutiles à la Guyane, ils sont, par surcroît, nuisibles à sa réputation, par suite à son peuplement.

« La main-d'œuvre, pour être productive, doit être *libre*. Or, dans le cas même des forçats libérés, on a été obligé de constater que le fameux relèvement moral par le travail est resté, en Guyane, à l'état d'utopie, sauf des cas bien rares ».

M. Bordeaux — puisqu'il faut toujours citer ses auteurs — reflète, en cette dernière appréciation, l'opinion d'une demi-douzaine de capitalistes patrons, qu'il n'a pas eu le temps de bien connaître, ni de suivre à l'œuvre. Si les libérés n'ont pas réalisé les espérances, toutes les espérances de leurs exploiteurs, à qui en incombe la faute ?

N'est-ce pas plutôt à ces derniers qui ont éludé leurs contrats, violé leurs promesses, manqué à leurs engagements et, sachant bien que leurs victimes ne pourraient poursuivre faute de ressources, puisqu'aucun Conseil de prud'hommes n'a été institué à la Guyane, en ont usé plus que cavalièrement avec ces mêmes libérés.

Qu'on ne nous oblige pas à citer des noms, les noms de ceux qui ne se sont pas fait faute de gruger, d'écornifler les libérés dont la plupart sont encore à attendre le salaire de leurs journées de travail.

Le relèvement moral par le travail, c'est le seul accessible à tous les hommes de bonne volonté. Certes, la loi du travail est dure, pénible : c'est une peine. Mais de même que ce brave Cyrano, ce pourfendeur d'étoiles, clamait son vers épique :

La haine est un carcan ; mais c'est une auréole !

nous conviendrons volontiers que le travail est un carcan, mais c'est la grande jouissance. Le pire qui puisse advenir, c'est le manque de travail. Entendons-nous : travail adapté aux forces, aux aptitudes, aux capacités de l'individu.

Eh bien ! malgré les prévisions généreuses et optimistes de M. Bordeaux, la Guyane est arrivée à cette phase extrême, ce ne sont plus les bras, c'est le travail qui manque.

Il est temps que les pouvoirs publics interviennent si l'on ne veut être témoins de désordres et de troubles qui se produisent, inévitablement, lorsque la famine, la Faim hideuse fait son apparition quelque part (1).

Donc, de toutes façons, il importe de remédier à la situation actuelle ; et, la seule solution que nous ayons trouvée, la seule rationnelle et pratique, serait dans l'ouverture de chantiers agricoles et forestiers affermés à une Société privée d'exploitation, facilement réalisable sur place, et où tous les libérés, sans distinction, soumis ou non soumis, seraient employés et rémunérés suivant les services qu'ils rendraient à l'établissement.

Café, canne, cacao, coton, tabac, vanille, sans parler des cultures vivrières, voilà de quoi utiliser la partie agricole de l'exploitation : balata, bois de rose, bois de construction et d'ébénisterie, voilà de quoi occuper les forestiers et les ouvriers des professions ressortissantes.

Il y a mieux qu'une idée à creuser. Il y a pour les pouvoirs publics, impérieuse nécessité d'agir ; et le premier de ces agissements consisterait à prendre un arrêté par lequel le Ministre des colonies décidera que :

---

(1) Quant à la situation économique, en général, elle est mauvaise en ce moment ; il n'y a presque ni agriculture, ni industrie, ni commerce. Tout est importé, alors que la Guyane pourrait tout produire :

Sur 12 millions d'hectares, à peine 3.500 sont-ils mis en culture. De 1.571 hectares de canne à sucre, cultivés en 1836, il en reste à peine 15 hectares. La production qui était de 3.000 tonnes, est tombée à 52. En 1835, on récoltait 46.000 kilos de café, 40.000 kilos de cacao et près de 5 tonnes de roucou en 1879. Le coton, le poivre, la girofle, la vanille, la muscade, la cannelle, autrefois florissantes, ont été abandonnées et, sauf pour le cacao, dont les plantations ont été encouragées par une prime, aucun de ces produits ne figure plus au chiffre des exportations.

(La Guyane inconnue).

1° En ce qui concerne les libérés 4ᵉ 1ᵉ, astreints à la résidence dans la Colonie (ceci à titre transitoire et en attendant l'abrogation de la loi du 3o mai 1854) vu la crise économique que traverse la Guyane, étant donné l'accaparement du travail chez les particuliers par la main-d'œuvre des condamnés en cours de peine et afin de conserver à ceux-ci le modeste pécule qu'ils retirent de leur assignation, pour le jour de leur libération, il sera procédé, par les soins de l'Administration locale, à l'adjudication, par voie de soumission cachetée, du fermage, pour une durée de 3, 6 ou 9 années, d'une exploitation agricole et forestière d'au moins 600 hectares sur des terrains concédés gratuitement par le Domaine (1), laquelle exploitation recevra et procurera du travail à tous les libérés sans distinction, qui en feront la demande.

Les libérés seront nourris et logés sur l'établissement et recevront un salaire déterminé suivant la nature des travaux et les aptitudes physiques et professionnelles dont ils feront preuve. Une subvention annuelle, calculée sur le montant du produit des assignations, représentant la quote-part des sommes versées au Trésor, de ce chef, sera alloué aux adjudicataires.

Il y sera parfait, s'il y a lieu, par un prélèvement sur le budget de l'Administration pénitentiaire, qui se trouve dégrevé du fait du placement en assignation de plusieurs centaines de ses transportés, qui n'en figurent pas moins à l'effectif, à la subsistance, à l'entretien desquels le département continue à pourvoir, bien qu'ils dussent être distraits des dépenses du jour de leur entrée en assignation.

2° En ce qui concerne les libérés 4ᵉ 2ᵉ, c'est-à-dire ayant terminé leur résidence temporaire, ayant le droit de rentrer en France : le transport *La Loire* recevra, à son départ des Iles du Salut tous les libérés 4ᵉ 2ᵉ qui auront demandé à être rapatriés en France, comme c'est leur droit le plus strict, le plus immédiat (2).

---

(1) L'Administration pénitentiaire, qui a aliéné son magnifique domaine de la Montagne d'Argent, pour un fermage dérisoire, avait une bonne occasion pour reconnaître les services de ses anciens serviteurs, les libérés d'aujourd'hui, en introduisant, dans son cahier des charges, une clause par laquelle l'adjudicataire eut été tenu à employer dans l'exploitation du domaine, la main-d'œuvre des libérés, qui eussent été heureux de trouver un travail suivi et rémunérateur.

(2) Le Conseil général de la Guyane a déjà émis un vœu demandant à ce que tous les libérés des travaux forcés fussent autorisés à quitter la Colonie à l'expiration de leur peine.

L'amiral Rigault de Genouilly, dans un rapport à l'Empereur, sur le rapatriement des libérés, du 28 septembre 1868, s'exprimait ainsi :

« ....Ce qui n'est pas reconnu comme un droit peut être accordé à titre d'encouragement. Des liens de famille, des intérêts pécuniaires peuvent rendre profitable, même au point de vue de la paix publique et de la régénération personnelle, le retour du forçat libéré qui n'a pas fait assez d'économies pour payer son passage ».

Les Ministres de la République devront-ils se montrer moins libéraux que ceux de l'Empire ! On serait tenté de le croire, étant donné le *non possumus*, invariablement opposé aux demandes de rapatriement gratuit, formulées jusqu'à ce jour.

Le chef de la Colonie ne saurait se désintéresser plus longtemps d'une question de vie ou de mort pour un grand nombre d'êtres humains que les circonstances ont placés sous son administration. Le Gouverneur qui s'appliquerait à la résoudre dans un esprit de justice et de simple humanité, en s'inspirant des besoins, des nécessités de l'heure présente, verrait ses propositions certainement accueillies par le département, obsédé par les plaintes, les doléances des libérés aux abois.

En introduisant cet amendement dans la réglementation du régime des libérés, le chef de la colonie ferait œuvre de bon administrateur et s'acquerrait des droits sacrés à la gratitude, à la reconnaissance de toute une catégorie d'êtres humains qui, bien qu'occupant les degrés inférieurs de l'échelle sociale, n'en ont pas moins droit à l'existence, à la vie intégrale, à la paix, au calme que procurent une conscience tranquille et une journée bien remplie.

Par les éminentes qualités d'administrateur dont vous avez fait montre dès votre arrivée dans la Colonie, par la sagesse, la pondération, la haute intelligence qui caractérisent la gestion des affaires publiques qui vous ont été confiées, par l'urbanité, la parfaite courtoisie de votre accueil, l'exquise politesse de vos manières, dont vous savez ne point vous départir, même à l'égard des petits, des humbles, des déshérités de la vie ; par les qualités non moins précieuses de votre cœur, accessible à la Pitié, lequel vous a incité, maintes fois, au geste secourable à l'égard des libérés qui sont venus vous confier leur détresse, vous êtes particulièrement désigné, Monsieur le Gouverneur, pour reprendre la noble initiative de votre honorable prédécesseur et poursuivre le but qu'il s'était proposé : l'amélioration morale et matérielle du sort des libérés, but qu'il eut certainement atteint si la Mort hostile ne l'en eut empêché.

Laissez-moi espérer qu'une œuvre de cette envergure, qui n'est pas seulement un acte de justice, de pardon, mais surtout une œuvre d'apaisement et de rénovation sociale, ne répugnera pas aux sentiments magnanimes dont vous êtes animé à l'égard des malheureux dont je viens d'avoir l'honneur de vous entretenir.

Je prie Monsieur le Gouverneur de vouloir bien agréer mes hommages profondément respectueux.

Cayenne, 20 juillet 1912.

Honorat BOUCON,
Publiciste,
Directeur-Fondateur de *L'Aide Sociale.*

TEXTE

de la motion présentée, au Conseil général de la Guyane, au sujet des libérés soumis à l'interdiction de séjour, par M. François Régis, Conseiller général, Vice-président de l'Assemblée.

Monsieur le Président,
Messieurs les Membres du Conseil général,

Messieurs,

La question sociale à la Guyane, qui est, de par la loi, une Colonie pénitentiaire avant tout, n'embrasse pas seulement la classe dirigeante et la classe laborieuse ; elle se complique de la situation spéciale qui est faite à toute une catégorie d'êtres humains que la loi a désignés pour vivre dans la colonie, après y avoir purgé leur peine, payé leur dette à la Société, se trouvant astreints à l'obligation de résidence, en vertu des dispositions de l'article 6 de la loi du 30 mai 1854 sur les travaux forcés.

Or, la situation de ces libérés, situation que M. le Secrétaire général a pu qualifier « d'angoissante » dans son discours d'adieu aux obsèques de M. le Gouverneur Samary, déjà très pénible par elle-même, en raison des difficultés de l'existence à la Guyane, se trouve singulièrement aggravée par la réglementation qui frappe les libérés soumis à l'interdiction de séjour, qui sont venus chercher des moyens d'existence au chef-lieu, y exercer leur profession, y travailler honnêtement et qui se voient évincés, pourchassés par la police et obligés de se réfugier dans une zone délimitée, qui commence à partir du 12ᵉ kilomètre de la route du Tour de l'Ile.

L'interdiction de séjour, prononcée par les tribunaux de France et visant seulement, dans l'esprit du législateur, les lieux où le fait a été commis et certaines grandes villes de la métropole a été, par extension, et celà bien à tort, à mon avis, applicable au chef-lieu de la Guyane, dont le séjour est interdit, de ce fait, aux libérés qui ont encouru, en France, l'interdiction par mesure générale.

Il s'ensuit, que des individus très recommandables, bons ouvriers et honnêtes travailleurs ne peuvent résider à Cayenne, alors que de nombreux repris de justice, plusieurs fois condamnés pour vol dans la Colonie, y circulent librement, parce que l'article du Code qui visait leur cas, ne comportait pas d'interdiction lors de leur condamnation aux travaux forcés.

Le livret matriculaire du libéré comprend deux catégories d'interdiction : l'une par mesure générale ; l'autre par mesure particulière.

La première est prononcée par les cours et tribunaux de la métropole au moment de la condamnation principale ; la seconde semble être réservée aux tribunaux de la Colonie, qui ont à réprimer les méfaits commis par les libérés ultérieurement à leur sortie des pénitenciers et plus particulièrement au Gouverneur, en vertu de la faculté d'interdiction générale que lui confère le décret du 10 juillet 1901.

J'ai donc l'honneur de soumettre à l'Assemblée, en cette session, une motion tendant à obtenir la révision de la réglementation, en ce qui concerne l'interdiction de séjour et portant que, seuls, les libérés frappés d'interdiction, par mesure particulière, se voient interdire l'accès du chef-lieu.

Et, en ce qui concerne l'interdiction par mesure générale, c'est-à-dire prononcée par les tribunaux de France, je demanderais que la mesure qui parque ces hommes au 12ᵉ kilomètre soit rapportée ; et que le droit d'habitat et de circulation, dans Cayenne, leur soit librement accordé, tant qu'il n'en aura pas été jugé autrement par le Gouverneur ou par les tribunaux de la Colonie, qui nous paraissent exclusivement compétents pour prononcer cette mesure d'exception qui réduit à la misère, à une vie errante et précaire, toute une catégorie de libérés qui pourraient vivre honnêtement, au chef-lieu, du produit de leur travail.

III

L'AIDE SOCIALE

Voici le texte de la notice que nous avons rédigée et publiée sur cette fondation :

<table>
<tr><td>

L'ĦIDE SOCIĦLE

CAYENNE

</td><td>

ŒUVRE DE PATRONAGE

pour l'Assistance et le Relèvement des Transportés libérés de la Guyane Française

Ah l'exil est impie ! Oh n'exilons personne !
Victor Hugo.

</td></tr>
</table>

S'est-on demandé quelquefois ce que devenaient les épaves du bagne, c'est-à-dire les transportés qu'une loi impitoyable (3o mai 1854) astreint, leur peine une fois purgée, a résider un temps égal à la durée de leur peine (pour les condamnés de cinq à sept ans) et à la résidence perpétuelle (pour les autres, à partir de huit ans) aux lieux mêmes de leur transportation? Et sait-on, en France, quelles sont les conditions d'existence, la manière de vivre, la situation sociale qui est faite à ces libérés qu'une première faute, parfois, a jetés sur la terre d'exil, dans une colonie lointaine ?

Non ! on l'ignore absolument, ou l'idée qu'on s'en fait est généralement bien au-dessous de la sombre et triste réalité. La vérité, quelque affligeante qu'elle apparaisse, nous oblige à constater l'état de misère et d'abandon dans lequel se trouvent les libérés de la Guyane française, pour lesquels l'Administration ne fait absolument rien, dont les pouvoirs publics se soucient fort peu et qui, laissés à eux-mêmes, dans un pays dépourvu de ressources, d'industrie ou de travail se trouvent dans un désarroi moral inexprimable et sont en train de mourir littéralement de faim.

Dans ces conditions, nous rappelant l'*Homo sun* du bon Térence, il nous a paru indispensable de venir en aide à ces vaincus de la vie, et tout en secondant les efforts d'un certain nombre, de tendre une main amie et secourable à ces naufragés d'un genre spécial, car le spectacle de leur détresse lamentable a profondément ému notre cœur d'homme et de citoyen français.

NOTRE ŒUVRE. — NOTRE BUT

L'assistance par le travail nous parait, au premier chef, un élément d'action, assurément le plus efficace, le plus moral à employer pour régénérer et sauvegarder la dignité de l'être humain que l'on veut préserver de la misère, — misère physiologique, misère morale, également effroyables en ce lieu.

1º Obtenir des Administrations publiques et particulières l'emploi de la main-d'œuvre des libérés à l'exclusion des étrangers qui sont parvenus à se glisser dans presque tous les services publics de la Colonie ;

2º Obtenir, également, la création de chantiers agricoles et forestiers, affermés à une société privée d'exploitation, subventionnée par l'Administration, qui recevra et procurera du travail à tous les libérés, sans distinction, qui en feront la demande.

3º Secourir les indigents, les malades, les infirmes pour lesquels la loi d'assistance obligatoire du 14 juillet 1905 est lettre morte, puisqu'elle n'a pas été promulguée à la Guyane ; tous ceux que la crise économique du pays laisse sans travail, sans abri et sans pain ; seconder les efforts individuels en vue d'assurer le rapatriement des libérés 4ie 2ie qui, par leur travail, leur bonne conduite, ont donné des gages sérieux d'amendement, de retour au bien, et qui, faute de ressources suffisantes, meurent lentement chaque jour, minés par les fièvres et la nostalgie du pays natal ;

4º Constituer un syndicat de protection et de défense pour les intérêts moraux et matériels des libérés, et pour la transmission régulière aux pouvoirs publics de leurs légitimes revendications, pétitions, plaintes et doléances ; création d'un secrétariat permanent à cet effet, comprenant l'installation et le fonctionnement d'une bibliothèque composée d'ouvrages sains et instructifs ; organisation de réunions, de soirées populaires, de lectures récréatives, de conférences attrayantes, toutes choses capables d'attirer, d'instruire, de moraliser ces unités éparses, qu'aucun lien ne rassemble et que rien ne prémunit contre la nocivité des cantines ou cabarets.

Telles sont les grandes lignes du programme que nous nous efforcerons de remplir, le mieux qu'il nous sera possible, avec le concours effectif et bienfaisant de toutes les personnes de cœur désireuses de coopérer à notre Œuvre d'assistance, de relèvement, de justice et de solidarité sociales.

. . . .

De fondation récente (janvier 1911), l'*Aide Sociale* ne devait pas tarder à attirer l'attention des personnalités les plus diverses de ce temps, que les misères sociales ont conquises à la Justice, à la Bonté universelles ; et la même année, Mgr Eysautier, évêque de la Rochelle, nous mandait dans une très belle lettre :

« ... Les considérants sur lesquels vous vous basez pour lancer votre appel en faveur de l'*Aide Sociale* sont d'un caractère si élevé, si pressant, si chrétien que je vous envoie aussitôt ma chaleureuse adhésion. »

Un peu plus tard c'est le marquis de Ruffec, président de la Société protectrice des animaux qui nous écrit :

« ... Je vous félicite de l'œuvre éminemment philanthropique que vous avez créée et je souhaite que le succès le plus complet couronne vos efforts. »

Puis ce sont des membres de l'Académie française, du Parlement, de la magistrature, des grandes dames de France qui nous apportent leurs encouragements à poursuivre notre œuvre de relèvement, de justice, de solidarité humaines.

En Guyane, l'élite de la population laborieuse et intelligente — car il y a aussi l'intelligence du cœur, qui est la meilleure — a répondu à notre appel et nous avons reçu, des divers côtés, un accueil sympathique.

En résumé nous avons recueilli l'impression que notre œuvre a été comprise ainsi que la pensée qui a présidée à sa fondation. Nous tenons à en remercier ici tous les adhérents, tous les membres bienfaiteurs ; c'est grâce à leur appui, à leur concours que nous devons de pouvoir poursuivre notre campagne de publication et de propagande.

Le jour où un Carnegie ou quelque autre milliardaire philanthrope se décidera à nous envoyer la forte somme nous pourrons organiser l'*Aide Sociale* en phalanstère voire même en syndicat, rapatrier tous les libérés 4ie 2ie, assister largement les nécessiteux, faire en un mot ce que notre correspondante, une grande dame du nord de la France nous écrivait « beaucoup, beaucoup de bien ».

C'est notre vœu le plus cher, et nous sommes heureux, d'avoir, avec nous, en cette croisade, tous les gens d'esprit et tous les gens de cœur, comme aussi ces intrépides parias intellectuels que mon maître Émile Faguet a si finement campés au début de cet opuscule.

Novembre 1912. Honorat BOUCON.

Comptoir HESSE & Cie

à CAYENNE (Guyane Française)

Ce Comptoir, que dirige, à Cayenne, l'honorable M. Berland, assisté de vaillants collaborateurs, compte parmi les plus importants de ceux que la puissante M^{on} Hesse et Cie, de Paris, a fondés dans presque toutes nos possessions d'outre-mer.

Ses opérations comprennent la vente en gros et demi-gros des denrées alimentaires, vivres et liquides des meilleures marques françaises et étrangères ; la fourniture du matériel et équipement des mines et mineurs ; celle des bois d'essences et de provenances diverses ; l'achat et la vente de l'or et des métaux de toute nature.

Ce Comptoir a installé des succursales et annexes à Sinnamary, Mana, Saint-Laurent du Maroni ; il a fondé des établissements dans la zône d'exploitation aurifère.

Par l'excellence de ses produits, la qualité supérieure de ses marchandises, la haute probité qui préside à ses transactions commerciales, cet Etablissement s'est attiré une clientèle nombreuse et fidèle et son chiffre d'affaires, qui augmente d'année en année, atteste une prospérité croissante et bien méritée.

Comptoir Parisien

M^{on} CHEBANCE Frères, rue de la Liberté, Cayenne

Ce Comptoir, comme son nom l'indique, nous vient aussi de la capitale. Il tire son origine de l'importante maison de tailleur Chebance père, 1, rue Laffitte, Paris, qui, avec Dusautoy, habilla, en un temps, le monde de la fashion et du hig life parisien. Ses fils, MM. Chebance frères, ont créé, à Cayenne, le Comptoir Parisien qui comprend : la confection pour hommes, jeunes gens et enfants ; la chemiserie, la bonneterie, la chapellerie, la ganterie et l'article chaussures. Ses articles frappés au goût du jour et à la dernière mode sont toujours d'une extrême fraîcheur : on y peut trouver des trousseaux complets à des prix défiant toute concurrence.

MM. Chebance ont annexé à leur Comptoir une usine pour la distillation du bois de rose que les forêts de la Guyane produisent abondamment, on y fabrique une essence de rose incomparable qui, à des prix sensiblement inférieurs, rivalise avec les meilleurs produits horticoles du sud de la France.

Le Comptoir Parisien s'occupe également de l'achat et de la vente de l'or, au taux fixé par les mercuriales.